隠れ家サロンのゴッドハンドが教える

# 「指プレス」でシワのばし

田中由佳 著

『サロン・ド・スウィン』主宰
スピリチュアル ビューティセラピスト

## はじめに

この本を手に取っていただきまして、
ありがとうございます。
あなたは、シワを気にされていますか。
シワやシミ、肌あれ、むくみ…といった肌の悩みは尽きないもの。
いくつになっても美肌でいたいのが女性として当然の願いです。
その願いを叶えるべく、この本を作ることになりました。

どのテクニックも、たった2本 "親指と人差し指" を使うだけ。
本当に簡単に気になる部分のシワが、日を追うごとに
なめらかになっていくので「指プレス」と名づけました。

大切なのは「意識」そして「実行」。
ほんの少し、日常生活の中で「指プレス」をする時間を
自分の肌にかけてあげられますように。

田 中 由 佳

**たなか ゆか**

愛媛県出身。都内の短大を卒業後、エステ業界へ。
29歳で東京三宿に『サロン・ド・スウィン』をオープン。
その後42歳で医療学校に通い始め卒業。
25年を越えるエステティシャン暦において、
延べ8万人以上をトリートメント。
医者、僧侶、救命消防士の家系からか幼少期より勘が良く、
人の「気」に敏感。
施術に今までの知識とシックスセンスをとりいれて
「肌・体・魂」に響くトリートメントを提供。
現在は女性誌でのメソッド提案のほか、
ティーチング、プロデュース、講演なども行っている。
サロン名はミャンマー語の「シンスウィンジン＝幸せ」の意味。

親指と
人差し指の
2本で
すべてできる

「指プレス」
テクニック

私のサロンの施術は、基本「手」。
手のひら、腕、ヒジなどさまざまな部位を使いますが、
中でも指はとても重要な"マッサージツール"。
指のハラや関節、そして骨を当てながら、流したり、つまんだり、押したり…。
この私のトリートメントメソッドを、
指2本の「指プレス」テクニックに凝縮させました。
まるで、アイロンがけをしたかのようにシワが伸びるのを実感。
いつでもどこでもどなたでも
簡単にハリのあるお顔になりますので、ぜひ活用ください。

# 「指プレス」3つのルール

1. 親指内側のハラ部分と、
人差し指内側のハラ部分を使います。

2. リズムは1・2・3。
1で指を置いて止めて
2で肌の上をすべらせ
3で止めて跳ねる、が理想的。

3. オイルかクリームを肌に塗って
すべりを良くするのもOK。
ポイントを捉えやすくなるので
何も塗らなくてもOK。

だから"24時間いつでもどこでも
自分の手だけでできるケア"なのです。

# 「指プレス」でできる8つの手技

### 1.

押す

肌の内側に向かって
軽く押す

### 2.

つまむ

2本の指を
くっつけるようにしながら
ターゲットをつまむ

使うのは親指と人差し指の2本のみ！
基本指のハラを用いながら、押したり、つまんだり、流したり。
シワが気になる部位の、筋肉や血管、リンパの流れなどを
意識しながら、最も効果的な手技で行なっていきます。

**流す**

リンパを流すイメージで、
進行方向に
指をすべらせる

**引き上げる**

下→上に引き上げる

# 「指プレス」でできる 8つの手技

### 5.

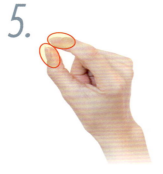

ねじる

狙った部分に指を置いて、
軽くねじる

### 6.

はじく

狙った部位に指を置き、
ピンッとはじく

## 7.

直角90°

### 伸ばす

直角に伸ばした
親指と人差し指の間を
使って伸ばす

## 8.

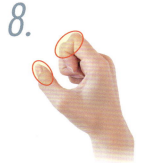

### カギ手

狙った部分に
関節を当てて、
動かしながら刺激する

# INDEX

はじめに ........................................................ 2

「指プレス」テクニック ........................................ 4

「指プレス」3つのルール ...................................... 5

## 「指プレス」でできる 8つの手技 ........................ 6

これ以上、シワを増やさない、濃くしないためのシワ知識 ——— 97

年代別・シワとのつき合い方 .................................. 98

まだまだ知りたい シワケアQ&A ............................. 102

マッサージ後に使うと鬼に金棒な 最先端シワケアコスメたち —— 108

おわりに ...................................................... 110

> **注意事項**
> ※この本の内容は、各自の肌の状態を考慮したうえで、自己責任のもとに行うようにしてください。肌に違和感を覚えた場合は、無理をせず中止してください。
> ※肌に問題のある方は、医師にご相談のうえ、許可を得てから行うようにしてください。ケガや肌トラブルが生じた場合、製作者は一切の責任を負いかねます。
> ※結果につきましては個人差がありますので、ご注意ください。あくまでも自己責任に基づきフェイシャルエステを行ってください。

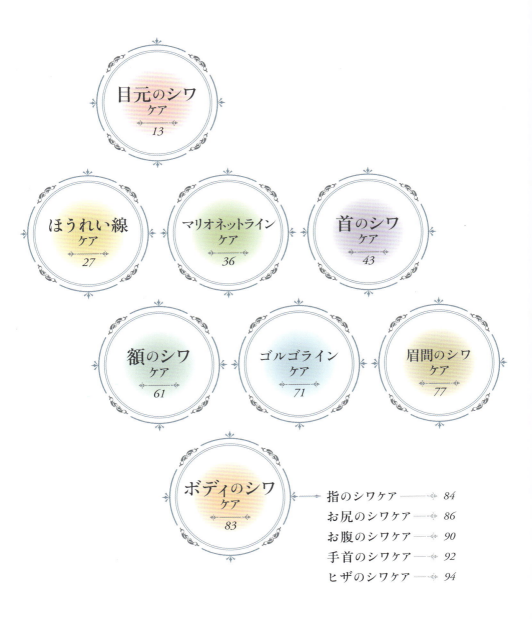

- 目元のシワケア 13
- ほうれい線ケア 27
- マリオネットラインケア 36
- 首のシワケア 43
- 額のシワケア 61
- ゴルゴラインケア 71
- 眉間のシワケア 77
- ボディのシワケア 83
  - 指のシワケア — 84
  - お尻のシワケア — 86
  - お腹のシワケア — 90
  - 手首のシワケア — 92
  - ヒザのシワケア — 94

気になる
パーツから
**さっそく
トライ！**

# 目元のシワ
― ケア ―

――― ケアのコツ ―――

## 上下への「指プレス」で目力をつくる！

目元の皮膚は、
頰の約1/3の薄さしかなく、皮脂も少ない部位。
バリア機能も低いため、
乾燥や寝不足などさまざまな影響を受けやすく
シワも目立ちます。
上下まぶたそれぞれに合った「指プレス」をしましょう。
速攻的に目力がアップします。

# 目周りの構造

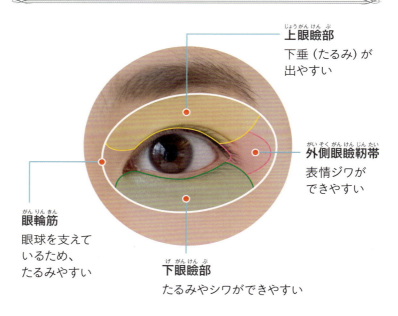

**上眼瞼部**（じょうがんけんぶ）
下垂（たるみ）が
出やすい

**外側眼瞼靭帯**（がいそくがんけんじんたい）
表情ジワが
できやすい

**眼輪筋**（がんりんきん）
眼球を支えて
いるため、
たるみやすい

**下眼瞼部**（げがんけんぶ）
たるみやシワができやすい

### 目周りは

皮膚が薄く、
老化、乾燥、疲れが目立ちやすいのが
特徴です。

# 目元のシワの原因

- 表情筋のクセ
- むくみ
- たるみ
- 筋力の衰え
- 乾燥
- コラーゲン不足

etc.

目元のシワケア

# step.1

# まずは
# 表情筋のクセを
# 知りましょう

鏡を見ながら、片目ずつウィンクをして、
シワの"方向"を把握しましょう。

16

# あなたのシワの "方向" は上向き？ 下向き？

## 目を開けたときに

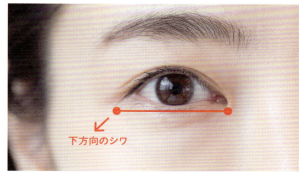

目頭と目尻の位置が水平上にあるかをチェック。目尻のほうが下がっていたら、「下方向」へのシワが進んでいるということに。

## 片目を閉じたときに

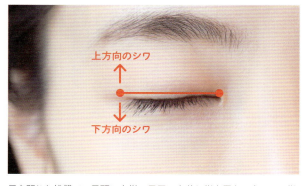

目を閉じた状態で、目頭に中指、目尻に人差し指を置き、上へ下へ指を動かしてみて、よく動くほうがシワのできやすい方向となります。

目元のシワケア

## start!

### たるみが原因
# 目尻の上方向のシワ

使うのはココ　伸ばす

**1.** こめかみに人差し指を置いて
斜め外方向へ引き上げる

たるみやすく、むくみやすい眉尻下あたりを引き上げるメソッド。まず、こめかみに人差し指を置いて斜め上、外側方向へ伸ばします。

**2.** 人差し指の下に
親指を置き、
目尻を上下に開く

親指を1の人差し指の下にセットします。上下に指を開いていって、肌表面が伸びたなと感じる所で止まり3秒キープ。ハリ感が出てきます。

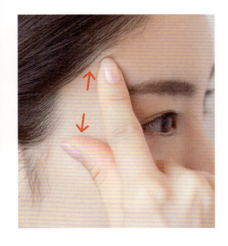

## むくみが原因
# 目尻の下方向のシワ

使うのはココ / 伸ばす

**1.** **力を入れず、目尻の横の筋肉を下へ伸ばす**

人差し指を目尻横に置きます。この目尻の横の筋肉を指で下へと動かします。こうすることで目の下周りの筋肉の位置を戻すことができます。

**2.** **目尻を過ぎたら下方向にスッと指を離す**

目尻を過ぎたら、下方向にスッと優しく指を離して。筋肉の位置を整え、リンパを流して目周りの血流を促します。1＆2をゆっくり5セット。

目元のシワケア

ほうれい線ケア／マリオネットライン

首のシワケア

額のシワケア

ゴルゴラインケア

眉間のシワケア

ボディのシワケア
指／お尻／お腹／手首／ヒザのシワ

19

目元のシワケア

むくみ、たるみが引き起こす **目周り**

使うのはココ

流す

**1.** 目頭に
人差し指を置き、
眼窩に沿って流す

眉頭下の目頭部分に人差し指を置いて軽くプッシュ。ここは、目の疲れが集まるポイント。指のハラで軽く圧をかけながら筋肉位置を整えます。

**2.** 目尻まで流したら
3秒引き上げながら
プッシュ

目頭に置いた人差し指を、眉に沿って動かします。眉尻で指を留めて3秒キープ。眉は自律神経の反射区で引き上げるように押すと効果的。

# のシワケア

### 1. 人差し指を横にして、目頭→黒目下まで伸ばす

緊張して固まりやすい鼻のつけ根に人差し指を置き、黒目の下まで伸ばして3秒間キープ。速攻目周りがリラックス。

使うのはココ / 伸ばす

目元のシワケア

ほうれい線ケア／マリオネットライン

首のシワケア

額のシワケア

ゴルゴラインケア

眉間のシワケア

ボディのシワケア　指／お尻／お腹／手首／ヒザ／のシワ

目元のシワケア

## 筋力の衰えには
# パチパチ運動！

**大きく見開き、
キュッと閉じる。
この弛緩(しかん)運動が
効果テキメン！**

両手同時に行います。人差し指を立てて眉尻に置きます。そのまま目を見開き、ギューッと閉じて、またパッと開けて。眼輪筋を動かし、リンパが流れるため、潤いあふれるビューティアイが復活します。

## 乾燥やコラーゲン不足は
# 目周りすべての
## シワの原因に!!

ケア法は
A・B
どちらでも
OK!

**A.** 「指プレス」でケアした後、
美容液・クリームを塗布

「指プレス」によって、リンパの流れや血流が良くなります。その結果、後から使用するスキンケアの肌への浸透が格段に良くなり、ハリ美肌を実感することでしょう。

**B.** 美容液・クリームを塗布してから
「指プレス」

先にスキンケアをしておくことで、指のすべりが良くなりしっかりと深部にまで届けることができます。すると、筋肉が緩みやすくなり、ふっくら美肌に。

＊薬指がスムーズにすべれば、潤っている証！

---

目元のシワケア

ほうれい線ケア／マリオネットライン

首のシワケア

額のシワケア

ゴルゴラインケア

眉間のシワケア

ボディのシワケア
指／お尻／お腹／手首／ヒザのシワ

目元のシワケア

# アイケアコスメ

目元用美容液やアイクリームの効果を
さらに高めるためのひと技をご紹介。

## 浸透アップのテクニック

**1**

先に化粧水で
湿らせたコットンを
目の上にのせておく

目元は乾燥しやすいため、先に化粧水をコットンパックで浸透させておきます。すると美容液やクリームもグングン浸透します。

**2**

塗布後、目周りを
中指と薬指で
優しくタッピング

アイケアコスメを塗布したら、ゆっくり優しく指の腹でタッピングすることで、血行が良くなり格段に元気な目元になります。

# の効かせ方

目元はお手入れをした分だけ効果が目に見えるもの。
ぜひ、ふっくら目元を手に入れて。

## 塗り方

### 1 薬指の指のハラと指先の丸い部分を使う

目周りの皮膚はとても薄いので、力が入らない薬指で塗布します。クリームの場合は、手の甲に適量をのせて薬指の体温でゆるめてから乗せるとなじみやすくなります。

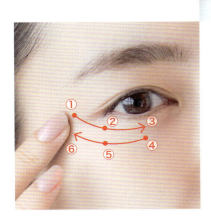

### 2 目尻→中央へ①②③、目頭→中央へ④⑤⑥とすべらせる

下まぶたの中央が最も皮膚が薄く柔らかいため、引っ張ったり押したりしないように要注意。指のハラで優しく軽いタッチで、すべらせて。

---

目元のシワケア

ほうれい線ケア／マリオネットライン

首のシワケア

額のシワケア

ゴルゴラインケア

眉間のシワケア

ボディのシワケア　指／お尻／お腹／手首／ヒザのシワ

25

# 目元のシワを増やさないためにしたい6つのこと

### ① とにかく保湿

シワには乾燥が最大の敵！ 特に皮脂が少ない目元は、ほかのどのパーツよりも乾燥ジワが進みます。目元専用コスメを習慣にしましょう。

### ② マッサージ

目元専用コスメを効かせるためにも、筋肉の緊張をほぐして血行やリンパの流れを促すことが大事。ぜひ、優しくマッサージしましょう。

### ③ 笑顔

あなたは毎日心から笑えていますか？ 表情が豊かな人ほど、顔全体の筋肉を使っているから、たるみにくいもの。笑顔でできるシワは美しいのです。

### ④ UVケア

紫外線にはA波とB波があり、特にA波は真皮にまで届いて、シワやたるみを、B波は表皮でシミを引き起こします。一年中、曇りでもUVケアは必須！

### ⑤ 良質な眠り

睡眠不足は、肌の代謝を乱れさせて肌のハリを司るコラーゲンやエラスチン線維の分解を早めてしまうことに。良質な睡眠こそが美肌の近道に。

### ⑥ コリほぐし

パソコンやスマホの見過ぎで頭も身体もカチコチでは？ 頭皮が硬いと、たるみの原因となりシワが増えます。気づいたときにいつでも「指プレス」を。

✤ マリオネットラインケア

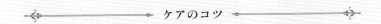

ケアのコツ

## 1日10回は
## 思い切りの笑顔を！

ほうれい線は、
頬のたるみやむくみによって現れたり、
肩や首、胸などのコリが顔を引っ張ってできてしまいます。
また、表情が乏しいことも口角が下がってしまう原因に。
思い切り笑うことで、頬や口角の筋肉が
上がるので、意識的に笑顔で過ごしましょう。

# ほうれい線のしくみ

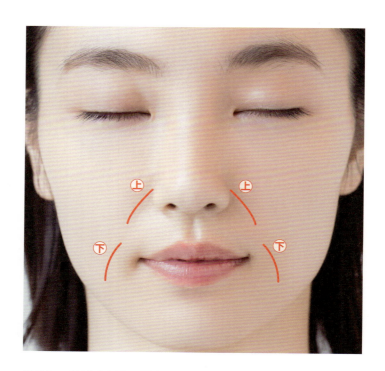

ほうれい線は上と下で関わっている筋肉が違います。上部は小鼻の横上あたりのラインを指し、下部は口の横から下に向かってのラインを指します。上と下に分けたそれぞれのケアで、よりほうれい線にピンポイントにアプローチしていきましょう。

# ほうれい線の原因

- むくみ
- 歪み
- 長時間の下向き作業 
- 表情筋のクセ
- たるみ
- 疲れ
- リンパの滞り
- 肩・頭・首のコリ

etc.

---

目元のシワケア

ほうれい線ケア／マリオネットライン

首のシワケア

額のシワケア

ゴルゴラインケア

眉間のシワケア

ボディのシワケア 指／お尻／お腹／手首／ヒザのシワ

ほうれい線ケア
# step.1

## さっそくあなたの

 小鼻の横をチェック

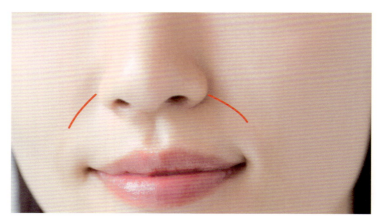

小鼻の横からのラインが気になる方は上ゾーンケアを。
顔のむくみや頭のコリで深くなりやすいので気をつけて。

# ほうれい線をチェック！

下ゾーン　　口角の横をチェック

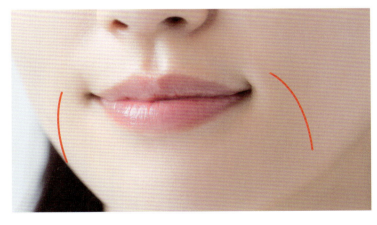

口の横のラインが気になる方は下ゾーンケアを。
顔のむくみや首、肩のコリも関係するのでコリもチェック。

ほうれい線ケア

# start!

上ゾーン

# 小鼻の横の ほうれい線

使うのはココ / 伸ばす

## 1. 小鼻の横に逆の手の人差し指を置く

右手の人差し指を左側の小鼻の横に置きます。小鼻の横は、コリが溜まり、シワが深くなる要因に。左側は右手で、右側は左手で行います。

32

## 2. 人差し指を真横にスライドさせる

1で置いた場所からそのまま1cmほど外側（真横）へ動かします。そこでゆっくり3秒キープ。シワが深くならないように、広げるイメージで3セット。

> お鼻の詰まり
> にも
> 効果的!!

ほうれい線ケア

# 口角の横のほうれい線

下ゾーン

奥へ3秒プッシュ

**1.** **ほうれい線に
人差し指と親指を置いて
プッシュ**

口周りはむくみやたるみが起こりやすいため、筋肉を刺激します。口角を挟みながら親指は下側、人差し指は上側にセットし、肌の奥へと3秒プッシュ。

使うのはココ

押す

使うのはココ

ねじる

2. **ほうれい線を
人差し指と親指で
ねじる**

1の状態から親指だけ口角を引き上げるようにねじります。これを3セット。ほうれい線は外方向へねじられることで、筋肉が動かされ、むくみ解消に。

35

ほうれい線 マリオネットラインケア

# マリオネット
# ラインケア

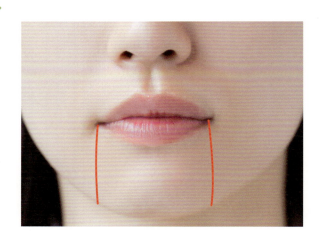

「マリオネットライン」とは…

**口角の下がりに伴い現れる
垂直ライン**

## マリオネットラインを上下2ヶ所に分けてケア！

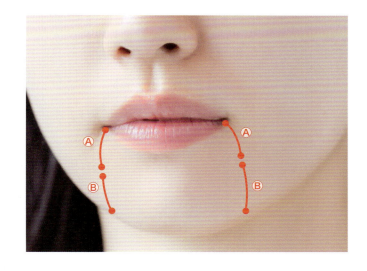

A. 口角横 〜 マリオネットライン上側

B. マリオネットライン下側 〜 アゴ上

上下に分けてケアすることで、
関係する筋肉に
深く広くアプローチができます。

ほうれい線 マリオネットラインケア

### 両人差し指を口角横に おいて上に引き上げる

両手の人差し指を口角の横にセットし、上に引き上げて3秒キープ。このあたりはむくんだりたるみやすく、下がりやすいので、1日中、いつでも気づいたときに引き上げて。

## A. 口角横〜 マリオネットライン上側

使うのはココ

つまむ

### アゴの横を2指でつまみ、口角下までもむ

カギ手にして、マリオネットラインの下側を両指でつまみよくもみます。スマホなどを凝視して、表情が固まり気味の自覚のある人は、特に念入りにほぐして。

## B. マリオネットライン下側〜アゴ上

Column

# ほうれい線を
# 増やさないためにしたい
# 2つのこと

### ① **むくみ**を加速させない！

**朝、手のひらを
頬に当てて
むくみを取る**

1日のむくみは翌朝に出ます。起きたときにむくんでいることが多いので、朝イチの〝お手当て〟で顔をスッキリさせましょう。

**4指で肩をつかみ、
首を真横に反らす**

むくませないためには血流アップが先決。4指を反対側の肩に置き、ゆっくり真横に反らして5秒キープ。反対側も同様に。

## ② **たるみ**を加速させない！

使うのはココ

押す

### カギ手にし、人差し指の角で ほうれい線をプッシュ

ほうれい線に沿って、カギ手にしたときの人差し指の第二関節の角でゆっくりプッシュしていきます。たるみやすい部分を刺激することになり、美しい笑顔になります。

---

目元のシワケア

ほうれい線ケア　マリオネットライン

首のシワケア

額のシワケア

ゴルゴラインケア

眉間のシワケア

ボディのシワケア　指／お尻／お腹／手首／ヒザのシワ

## マリオネットラインを深くさせないためにしたい2つのこと

**① 食べるとき、片方ではなく両方の奥歯で噛む**

片側でばかり噛んでいると、使っていないほうの頬が下がってきます。右利きは"左→右→中央"、左利きなら"右→左→中央"の順にそれぞれ10回ずつ噛む意識をしてみて。

**② 目を閉じて下を向き、頬を両手でつかんで**

頬のむくみやたるみは、そのままマリオネットラインに直結！頬をつかんで5秒キープするだけでも、筋肉が刺激され、血流も良くなって、むくみが取れます。

## その日のコリは
## その日に取り去る！

「年齢が出る」と言われている首のシワ。
若い女性にもシワが見られるのは、
スマホを凝視して同じ体勢を続けるから。
1日のコリをそのまま放置すると、
確実に刻まれてしまいます。
気長に、そして毎日のケアで改善しましょう。

# 首のシワのしくみ

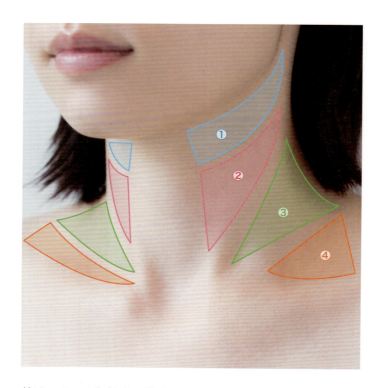

首はいろいろな筋肉で構成されています。大きく分ければ上の4つ。さらに、臓器、神経、血管がそれぞれ存在するため、強く押すなどの刺激はNG。4つの三角に分けてケアします。

# 首のシワの原因

**むくみ** と **たるみ** に
極力させないことが必須！

### むくみの原因

- 肩・首・頭のコリ
- 腕の疲れ
- 睡眠不足

etc.

### たるみの原因

- 首の皮膚の衰え
- 歯の噛み合わせ
- 顎関節の歪み

etc.

首のシワケア
# step.1

まずは

あなたの
首のシワを
チェック

## 特にココをチェック

### 耳下腺につながる縦方向のシワ

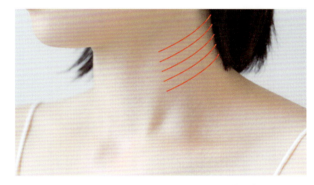

耳下腺のリンパの滞りや、頭のコリがある人に多い首の上のほうのシワ。デスクワークで同じ体勢を続けていることが多い人は要注意。

### 首の下に広がる横のシワ

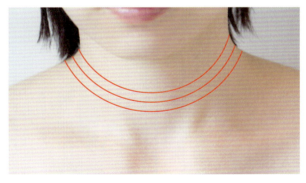

顔のむくみや首・肩のコリがある人に多い、首の下のほうのシワ。ラウンドネックのような跡がつき、首が短く見えてしまっています。

首のシワケア

# start!

### 1.

### 鎖骨の間に
### 親指を置き、
### 人差し指で開く

まず左手を右の鎖骨の下に置いて伸ばします。親指は鎖骨の下中央、人差し指は鎖骨の下を沿いながら人差し指を開いていきます。

### 2.

### そのまま首を
### 逆方向へ反らす

できるだけ反らして

次に、姿勢を真っ直ぐに正します。右手で左側の鎖骨下に手を当てたまま、できるだけ右を向きます。深呼吸をしながら5回行って。

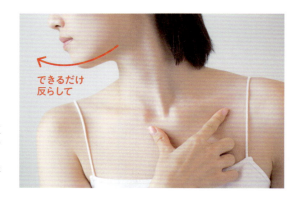

# 首のシワを伸ばす

右側も
同様に！

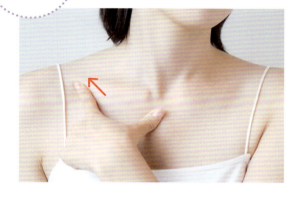

## 1.

### 逆の手の親指を鎖骨の間に置き、人差し指で開く

左手の親指と人差し指を右側の鎖骨中央に置き、人差し指を開きます。リンパの集まっている部位なので、スッキリとしてきます。

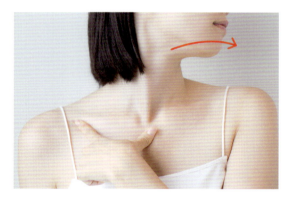

## 2.

### 首も反対方向へ反らす

今度は左側に首を反らします。深呼吸しながら真横を向き、さらに顎を前傾させて深呼吸。こちらもゆっくり5回行って。

使うのはココ　伸ばす

―――

目元のシワケア

ほうれい線ケア／マリオネットライン

首のシワケア

額のシワケア

ゴルゴラインケア

眉間のシワケア

ボディのシワケア　指／お尻／お腹／手首／ヒザのシワ

## 首のシワケア

# 首のシワを

使うのはココ / 伸ばす

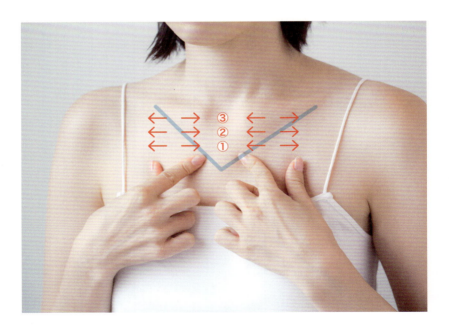

**鎖骨の真下から鎖骨の外側までのV字部分を刺激する**

両手を置き、①②③の順に位置を変えながら指を伸ばします。
前傾姿勢が多い人はここがコリがち。呼吸もラクになります。

# 薄くする

使うのはココ

ねじる

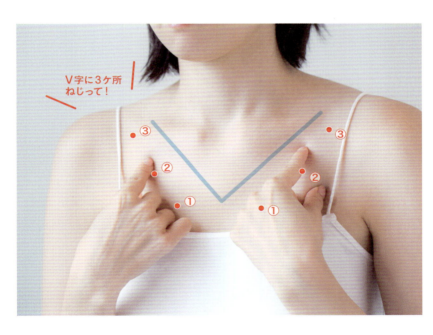

V字に3ケ所ねじって！

### 親指と人差し指でV字部分をねじる

両手を置き、①→②→③の順にねじります。ねじることで、首から胸につながる筋肉を柔らかくゆるめることができます。

目元のシワケア

ほうれい線ケア／マリオネットライン

首のシワケア

額のシワケア

ゴルゴラインケア

眉間のシワケア

ボディのシワケア
指／お尻／お腹／手首／ヒザ のシワ

51

首のシワケア

# 首のシワを
# 薄くする

鎖骨上・首の付け根・耳下腺の
3ヶ所を刺激する

両手を置き、①→②→③の順に指先で流します。
この3カ所は、首のむくみを取るポイント。
深呼吸をしながらゆっくり3秒ずつ上に流して。

## V字の3ヶ所を人差し指ではじく

両手の人差し指をセットし、①→②→③の順に指先を斜め外へはじきます。指ではじくことによって、リンパを刺激して流れが良くなり、血流もアップ！

目元のシワケア

ほうれい線ケア　マリオネットライン

**首のシワケア**

額のシワケア

ゴルゴラインケア

眉間のシワケア

ボディのシワケア　指・お尻・お腹・手首・ヒザ のシワ

53

## 首のシワケア

直角に

使うのはココ

押す

**1.** 首のつけ根に
親指を置いて
親指と人差し指で
軽くプッシュ

首のつけ根は、首のコリをほぐすための大切なケアポイント。親指をつけ根に置き、人差し指は頬に当てて、軽く軽く親指をプッシュします。

# 首のシワを
# 薄くする

使うのはココ / 引き上げる

2.

## 首を上下
## しやすい部分に
## 親指を置いて
## 引き上げる

耳の上あたりに両人差し指を置き、親指は耳下腺に当てて上に引き上げます。左右の耳下腺のリンパが流れ、首のシワを引き上げて伸ばすことができます。

---

目元のシワケア

ほうれい線ケア／マリオネットライン

首のシワケア

額のシワケア

ゴルゴラインケア

眉間のシワケア

ボディのシワケア　指／お尻／お腹／手首／ヒザのシワ

首のシワケア

首の側面の
筋肉を意識

## 首のシワを薄くする
# 呼吸でつくる

現代女性は、日常生活が忙しくて呼吸が浅くなりがち。深呼吸をすることで首が伸びます。首の側面の筋肉を意識しながら肩を下げてリラックスしましょう。

## 1 やや下向きになり、鼻から息を吸う

やや前傾になって、鼻から息を大きく吸います。その際、できるだけ首の後ろを伸ばしながら肩を下げることでリラックスできます。

スーッ

## 2 顔を正面にして 10 秒息を止める

1の状態から、ゆっくりと首を戻して姿勢を真っ直ぐに正します。顔が正面にきたところで10秒間、息を止めてみて。

息を止めて

## 3 上を向き、鼻から息を吐く

身体の中心に軸を作るイメージで、首の前側を伸ばすようにアゴを上げます。上を向いて、鼻からゆっくり息を吐きましょう。

スーッ

### Column

# 首のシワを
# つくらないための
# 枕の選び方

首のシワの原因は、主にむくみとたるみ。

さらに、現代病ともいえる "スマホ首" もそのひとつ。
前に突き出たスマホ首は、平均 5kg にもなる頭の重さの
約 3 倍も首に負荷がかかるといわれています。

若くても深いシワが刻まれている人は、
生活習慣を見直したほうがよさそうです。
長時間同じ姿勢でいないことや、
スマホを見るときに目線が下にならないようにするなどのほか、
枕選びも重要に。

首のコリは毎日微妙に異なり、
首の硬さや前後左右の角度も毎日微妙に違います。
2～3 個枕を持って、疲れ具合などに合わせて
心地いい高さのものを選ぶのもおすすめです。

寝ている時間もシワケア、始めませんか。

> 寝たときに
> 一直線上になるのが
> 理想です。

理想の寝姿勢を保ち、質の良い睡眠が得られることを追求した枕。
56×40㎝。ビューティーピロー（ロフテー）

目元のシワケア

ほうれい線ケア　マリオネットライン

首のシワケア

額のシワケア

ゴルゴラインケア

眉間のシワケア

ボディのシワケア
指／お尻／お腹／手首／ヒザのシワ

## 首の後ろのケアも!

### こったままにさせないで

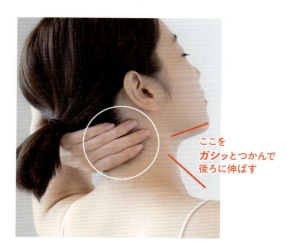

ここを
**ガシッとつかんで**
後ろに伸ばす

○の部分を

- ☑ コリさせすぎない
- ☑ むくませすぎない
- ☑ 熱をこもらせすぎない

スマホ首などで首の前が縮むと、後頭部から背骨をつなぐ「板状筋(ばんじょうきん)」やそれを支える「僧帽筋(そうぼうきん)」が緊張状態に。そうして首の後ろにコリが集まるため、シワにつながります。「気」が出入りするポイントでもあるので、伸ばすケアを積極的にしましょう。

# 額のシワ
― ケア ―

― ケアのコツ ―

## 表情筋が原因のことが多く、あきらめなくてOK

ふと、鏡に映る額に刻まれたくっきりジワ。
その原因は、主に表情のクセ。
また、マスカラなどメイクをする際に、
知らず知らず額にシワを寄せていることも多いようです。
でも気づいたときからケアを継続すれば、
薄くなるのであきらめないで！

# 額のシワのしくみ

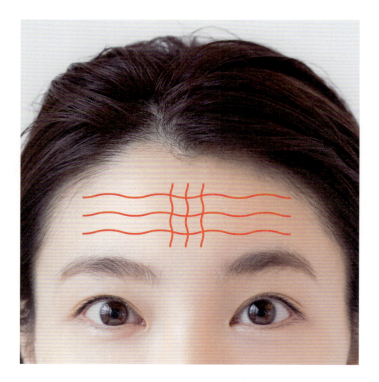

額のシワは、表情筋が原因のことが多く、表情筋はコミュニケーションのために重要な筋肉で、顔面神経が支配しています。真顔でも刻まれているシワは、いますぐ「指プレス」で伸ばして。

# 額のシワの原因

- 表情筋
- 頭皮のコリ
- 頭皮のゆるみ
- コラーゲン不足
- 悩みグセ、怒りグセ
- 顔のむくみ
- たるみ
- 目の疲れ
- ストレス

etc.

目元のシワケア

ほうれい線ケア／マリオネットライン

首のシワケア

額のシワケア

ゴルゴラインケア

眉間のシワケア

ボディのシワケア　指／お尻／お腹／手首／ヒザのシワ

額のシワケア

# step.1

まずは あなたの

額の 横ジワ

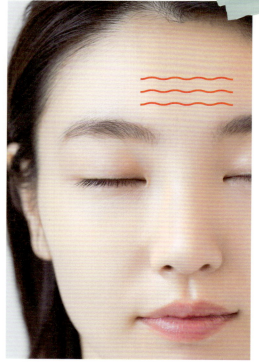

## 横ジワが目立つ
## 場所と長さをチェック

額のシワは深くなりやすいので、毎日チェックすることが大切です。まずは、目を閉じて、パッと開けたときに額の横にシワがあるかをチェック。ある場合は長さも確認してみて。

# 額のシワをチェック

額の **縦ジワ**

## 縦ジワが目立つ
## 場所と長さをチェック

目を開けて額の中央に筋肉を寄せてみます。写真のように縦ジワが見られたら、速攻ケアを開始！ 普段、パソコンとにらめっこをしたり、スマホに没頭する人は要注意。

---

目元のシワケア

ほうれい線ケア／マリオネットライン

首のシワケア

額のシワケア

ゴルゴラインケア

眉間のシワケア

ボディのシワケア　指／お尻／お腹／手首／ヒザのシワ

額のシワケア

## start!

使うのはココ / 流す

**1.** こめかみに親指を、額に人差し指をセット

額は顔のゆるみやたるみによって出現しやすく、ケアが必須のパーツ。気づいたときにいつでもしっかりと流すようにしましょう。まず、親指をこめかみに置き、額に人差し指をセットします。

# 額の横ジワ

## 2. こめかみ側から下→上へ①②③④と流す

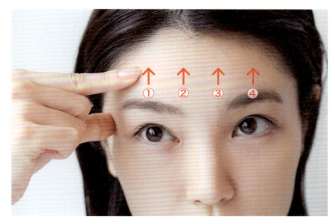

右手の人差し指を右のこめかみから左に向かって動かします。下→上に流すことで横ジワを伸ばし、額全体を引き上げられます。ゆっくり1セット行って。

人差し指を横にして、眉の上を通りながら額の中央まで下→上へ流します。①②③の順に眉頭→眉尻方向へ流します。これを3セット。反対の眉も同様に。

## 3. 下→上へ、眉上を通りながら流す

目元のシワケア / ほうれい線ケア マリオネットライン / 首のシワケア / **額のシワケア** / ゴルゴラインケア / 眉間のシワケア / ボディのシワケア 指(お尻・お腹・手首・ヒザ)のシワ

67

額のシワケア

# 額の縦ジワ

**1.** 人差し指で3箇所グリグリマッサージ

人差し指の第一関節の角で、①②③のポイントを、内→外へ開くように軽くグリグリと押して筋肉を刺激します。これを3セット。

使うのはココ

押す

### 1. 親指をこめかみにセット

顔を正面に向けて、親指をこめかみに置きます。こめかみに当てたまま、親指を上に1cm程度引き上げてみましょう。

### 2. 人差し指を下→ななめ上へすべらせる

親指をこめかみに当てたまま、人差し指を眉頭から片方ずつ交互に、斜め上の生え際のほうへ、すべらせます。

# 額のシワを
# 濃くしないために

### 生え際→頭頂部を
### マッサージ

額のシワは頭皮のコリも大いに関係します。生え際から頭頂部にかけて、ジグザグと指のハラでもみ込んでみて。これを5セット。ヘアエッセンスを併用するのもオススメです。

## ゴルゴライン
### ケア

―― ケアのコツ ――

**むくみや弾力低下が主な原因。
むくみケアで解消しましょう！**

ゴルゴラインは、正式には
「ミッドチークライン」と呼ばれ、
目の下から頬の中心を斜め外側に走るラインのこと。
主に、肌の弾力低下で近接する皮膚や皮下脂肪を
支えきれなくなったりむくんだりすることで現れます。
早速、むくみケアから始めましょう。

 # ゴルゴラインのしくみ

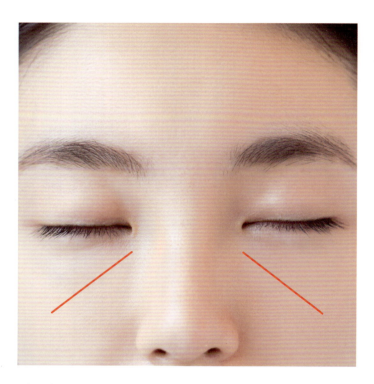

ゴルゴラインは涙袋より下の位置にできる目の下のライン。
むくみや肌の弾力低下のほか、表情筋の衰えにも起因します。
パソコンやスマホを長時間使用する人は特に気をつけて！

こんなこと身に覚えありませんか？
# ゴルゴラインの原因

- 表情のクセ
- 顔のむくみ
- 顔のコリ
- 顔の歪み
- 頭のコリ
- 頬のコリ
- 耳の疲れ
- 耳下腺のむくみ
- 首のむくみ
- 目の疲れ
- たるみ

etc.

ゴルゴラインケア
# start !

# ゴルゴ

### 1.

**親指と人差し指で
ゴルゴラインを挟む**

親指と人差し指で、ゴルゴライン部分を挟みます。このあたりはむくみが顕著な部分なので、広い範囲を挟み、ゆっくり5秒キープ。

### 2.

**内→外へ
3箇所プッシュ**

親指を頬の外側に当てながら、人差し指を移動させます。①②③と、内→外に向かって押していき、むくみを取っていきます。これを3セット。

# ラインのケア

使うのはココ

ねじる

## 3. 軽くつまんで八の字にねじる

さらに、①②③の順に、内→外へ軽くねじります。
ねじったままでそれぞれ3秒ずつキープ。左右とも
に3セット。これでコリとむくみが解消されます。

目元のシワケア

ほうれい線ケア／マリオネットライン

首のシワケア

額のシワケア

ゴルゴラインケア

眉間のシワケア

ボディのシワケア
指／お尻／お腹／手首／ヒザのシワ

75

## Column

# ゴルゴラインを つくらないために 普段からしたいこと

### 中指と薬指で頬を引き上げる

中指と薬指の2本の指を横にして、鼻の横にセット。そこから真上に引き上げて10秒キープを5セット。頬のたるみケアに有効的です。

### 頭皮が硬いなら、耳を引っ張って

耳は疲れたりこったりすると硬くなります。耳を下・横・上と引っ張ってみてください。血行が良くなり、肩こりや頬のむくみがスッキリ。

# 眉間のシワ
### ケア

---
## ケアのコツ
---

## ほうれい線と同じく、笑顔を心がけましょう

眉間のシワも表情筋が大きな要因。
心身の状態が現れやすいパーツなので、
ストレス緩和を心がけたいもの。
笑顔を意識することで予防&ケアとなります。

# 覚えて おきたい 眉間のシワのしくみ

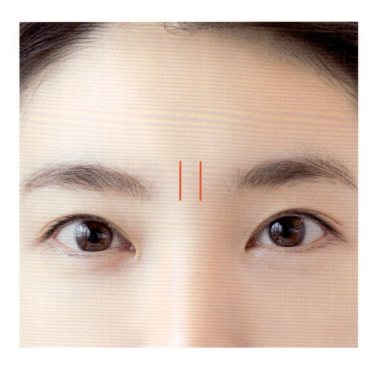

パソコンやスマホを凝視して、眉間にギュッとシワを寄せてはいませんか。また、横向きで寝ることで、眉間に皮膚が寄ってそれがシワとして定着することも。"悩み顔"や"怒り顔"となって定着させないように表情のクセを見直してみましょう。

ついしていませんか？
# 眉間のシワを深めるこんなこと

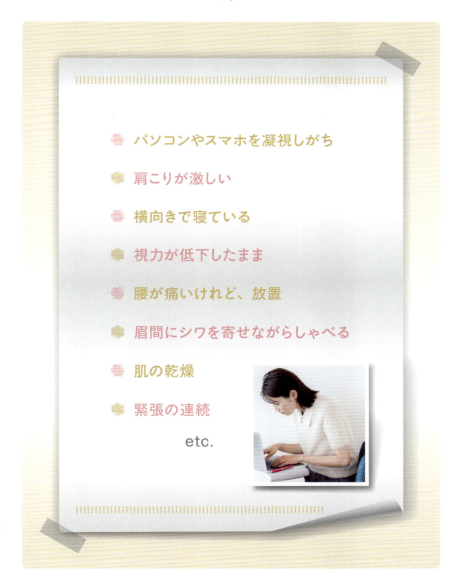

- パソコンやスマホを凝視しがち
- 肩こりが激しい
- 横向きで寝ている
- 視力が低下したまま
- 腰が痛いけれど、放置
- 眉間にシワを寄せながらしゃべる
- 肌の乾燥
- 緊張の連続

etc.

眉間のシワケア

# start !

**1.** 親指をこめかみに置き、
人差し指を逆の眉頭に置く

まず、眉間のシワの位置と深さを確かめておきます。右手の親指をこめかみに置き、人差し指を左の眉頭にセットします。

# 眉間のシワのケア

**2.** 右の人差し指を左の眉頭に置き、
右のこめかみまですべらせる

1でセットした左の眉頭から、親指のほうへ人差し指をスライド。その際、眉の上側の皮膚に触れながら、眉間の縦ジワを伸ばします。

使うのはココ

伸ばす

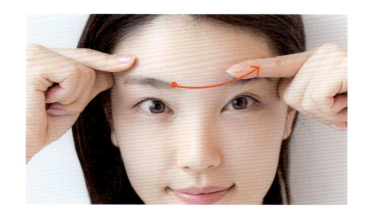

## 3. 右手はそのままに、左も同様に。
## 人差し指を右眉頭→左こめかみへ

右手をこめかみに置いたまま、左も同様に右の眉頭→
こめかみへ流します。人差し指でシワを伸ばすことで、
額全体を横に伸ばします。これを3セット。

目元のシワケア

ほうれい線ケア　マリオネットライン

首のシワケア

額のシワケア

ゴルゴラインケア

眉間のシワケア

ボディのシワケア　指／お尻／お腹／手首／ヒザ のシワ

81

# 眉間のシワを
# つくらないために
# 普段からしたいこと

### "カギ手"で目周りを指圧しましょう

親指と人差し指で頬の高い部分をつかみます。親指を支点に、人差し指の第二関節の角で、内→外へ軽く押して、ゆっくり5セット。目周りのコリやむくみは眉間のシワにつながるので、ぜひ習慣に。

# ボディのシワ
### ケア

- 指のシワケア
- お尻のシワケア
- お腹のシワケア
- 手首のシワケア
- ヒザのシワケア

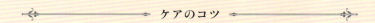

ケアのコツ

## 筋肉、血流、リンパを動かす指プレス！

気がつくと意外とできているボディのシワ。
筋肉を動かしたり、血流やリンパの流れを促さないと、
代謝が低下し、重力に負けてたるみが生じ、シワも出現！
ここからは、ボディのパーツごとに
最適な「指プレス」テクニックをご提案。
ワンランク上の美を目指しましょう。

# 指のシワのしくみ

指のシワは、乾燥や加齢が引き起こすことが多いのですが、体のコリやむくみが原因になることもしばしば。特に首や肩のコリで指のむくみが現れやすいので、早速指をチェックしてみて。

# 指のシワケア start!

使うのはココ
つまむ
伸ばす

### 2本の指で挟み、親指でもむ

親指と人差し指で逆手の指を挟みます。親指を動かしながら、目立つ横ジワを伸ばして。むくみもシワも目立たなくなります。

### 手を軽くグーにして指のつけ根をのばす

軽くグーにし、反対の親指と人差し指でつけ根を挟んで伸ばします。特に、親指のつけ根をもむと肩コリにも効果テキメンです。

# お尻のシワのしくみ

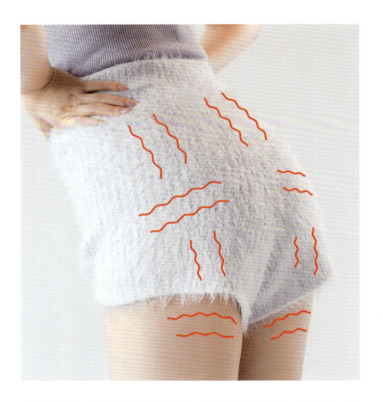

お尻は自分ではなかなか見られない部位。それだけにケアしない人も多いはず。ただし、むくみや下垂しやすいパーツなので、時々鏡でチェックすることが大切です。

お尻のシワケア

## step.1

お尻の **横ジワ**

### むくんだり垂れると
### 波打った横ジワが出現！

着席時間が長い人や運動不足の人は、腰の血行が悪くなり腰痛となる人も。お尻がむくみ、下垂してくると、横ジワができやすくなります。

お尻の **縦ジワ**

### ダイエットの繰り返し
### などは縦ジワが増える！

太ったり痩せたりすると、皮膚の伸び縮みによる縦ジワが出現！ ダイエット中はいつも以上に肌の保湿やマッサージが必要です。

# お尻のシワケア start!

流す

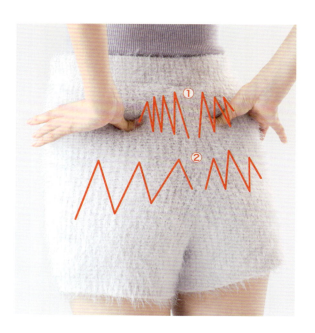

お尻の 横ジワ

### 親指で上下にジグザグスライド

お尻の上と下部分を①、②として、それぞれ親指を使って3回ずつゆっくりと内→外へ皮膚をのばしてコリをケアします。これを3セット。

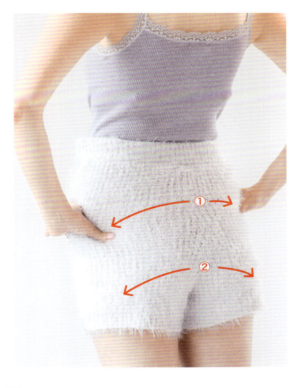

## お尻の

### 親指で内→外へスライドさせて

お尻の上と下を①→②の順に3回ずつ外側へ指をスライドさせます。お尻の左右の歪みを整え、むくみもケアできます。これも3セット。

89

# お腹のシワのしくみ

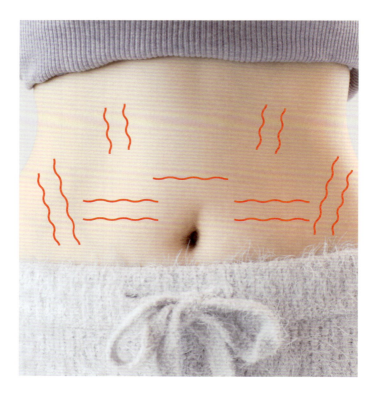

お腹は縦にも横にも斜めにもシワができやすい部位。普段の姿勢や座りグセなどが影響するほか、特に急激に太ったり痩せたり、妊娠後は顕著に。身に覚えがある人は、このお腹のシワケアを実践してみて！

# お腹のシワケア start!

使うのはココ
つまむ

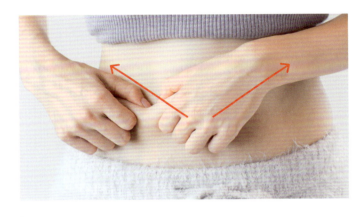

### 親指と人差し指でお腹をつまむ

親指と人差し指でお腹のシワ部分をつまみます。おへそ周りからウエストのほうに向かってつまみながらスライドさせて。左右5セット。

妊娠線のケアは…

### おへそから両手で外へ広げる

ボディオイルやクリームを塗ってから始めます。おへそからウエストに向かって引き上げます。これを5回。継続ケアでウエストのくびれも出現！

## 覚えておきたい 手首のシワのしくみ

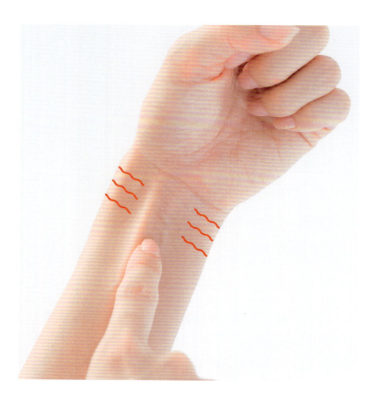

手首周りに何重にも横ジワが刻まれている人は、むくみやたるみ、歪みなどを放置してきた証拠。人目に触れやすい部位なので、ケアで薄くしたいもの。きちんとケアすることで、コリも改善されます。

# 手首のシワケア start!

使うのはココ

流す
つまむ

## 1.
### 親指と人差し指で
### 手首をつかみ、グリグリ回す

親指＆人差し指で逆手の手首を軽くつかみ、左右にグリグリと回します。少し上下に移動しながら回すと、手首周りのコリやむくみ、歪みがケアできます。

## 2.
### シワ部分を
### 2本の指で軽くつまむ

小指の下方の手首はむくみが溜まりやすい部位。2本の指で軽くつまんで5秒キープ、を左右それぞれ10回ずつ行うと、スッキリしてきます。

93

# ヒザのシワのしくみ

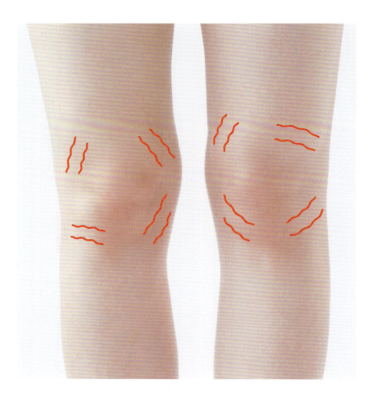

ヒザのシワは、太ももやヒザ周りのむくみが原因で下垂したことによって引き起こることが多いです。ぜひ、ヒザのむくみケアを兼ねてシワケアを続けて、"小ヒザ美人"も目指しましょう！

# ヒザのシワケア start!

使うのはココ
引き上げる

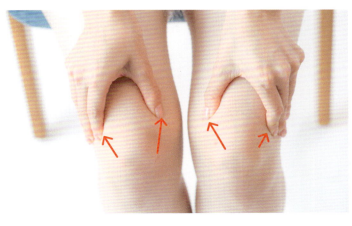

### 1. 親指と人差し指でヒザをつかみ、上にゆっくりスライドさせる

親指＆人差し指で両ヒザをつかみます。膝小僧から太もものほうへゆっくりと指をスライド。ヒザ周りのむくみや歪みを引き上げます。これを3セット。

### 2. ヒザの内側を親指でゆっくりプッシュ

ヒザの内側に親指を当て、深呼吸しながらプッシュ。イタ気持ちいいくらいの強さで。ヒザ周りのコリとむくみが取れます。これも3セット。

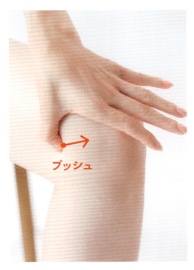

プッシュ

# これ以上、シワを増やさない、濃くしないための
# シワ知識

**田中由佳的考察**
**年代別・シワとのつき合い方** 98

**まだまだ知りたい**
**シワケア Q&A** 102

シワを制するには、シワのことをよく知るべし！
ここからは、年代によって意識したい
シワとのつき合い方や、
いまさら聞けないシワに関する素朴なギモンまでご紹介。
たくさん知ると意識が変わってきます。

田中由佳的考察

# 年代別・
# シワとのつき合い方

シワは年齢によって気になり方が違います。
ここでは、年代別のケアの仕方をご提案。
次の10年をシワに悩まず過ごすためにも意識を高めて。

20代後半

将来のシワの出現を考えて
とにかく保湿、保湿！

20代の肌はハリがあってキメが細かく、シワに対しての意識も低い場合がほとんど。ただ、むくみが出やすいので、肌の代謝を促す保湿ケアは必須です。気づいたときの「指プレス」だけで違います。

## 30代

### 大忙しの30代。シワ用美容液など栄養をプラスケアして

仕事に育児に忙しい30代は、環境の変化や生活習慣などによって肌の変化もしやすいとき。20代のときには改善が早かった肌トラブルも、なかなか解消しないもの。美容液などで新しい栄養を与えてみて。

## 40代

### 肌や心身に疲れが現れ始める世代。シワケアを本格開始！

30代の過ごし方次第で、若くも老けてもくる40代。シワの目立ち方も個人差が出てくるときです。シワの気になる箇所が出現したら、とにかく継続ケアを始めてみて。「指プレス」＆シワケアコスメを習慣にしましょう。

## 田中由佳的考察
## 年代別・シワとのつき合い方

ホルモンとの関係で、
疲れとむくみが激しくなる世代。

50代はホルモンバランスとの闘い。更年期症状が出やすいこの年代は、ホルモンバランスの影響から、疲れやすくてシワもシミも気になりやすいときです。栄養たっぷりのクリームで肌を癒し、「指プレス」を。

自分にも肌にも向き合う60代。
シワも個性として受け入れる。

身体や人生に落ち着きが出てきて、人生も肌も穏やかになる60代。まさに肌においても完成期といえます。シワは悪いものというより、その人となりを表す年輪に。笑顔でできるシワは魅力的です。

# いつも意識したい
## 5つの気持ち

- ❖ いくつになっても美肌になれる！ あきらめないことが大切

- ❖ 気がついたときにケア！

- ❖ 毎日のケアは日常化して "当たり前ケア"に

- ❖ 将来のシワを予想しながらケア

- ❖ ケアをしながら、口角を上げて いつもスマイル

# まだまだ知りたい！
## Q&A シワケア

シワになる主な原因から、
シワになりやすい肌タイプ、シワの種類…
知らないことを知ると、より効果的な
お手入れができます。あなたのギモンも
解決して、正しいお手入れを始めましょう。

**Q.1** シワを増やさないために
気をつけるべきことはズバリ何？

### A. 肌の表面と内側のベストな状態を
キープすること

肌表面と肌の内側ではケアが異なります。表面は何より保湿を。内側は美容液やクリームでハリをアップする美容成分を浸透ケアしましょう。

### Q.2　シワの主な原因って？

### A. 表皮の乾燥やむくみ、真皮層のコラーゲン、エラスチンの断裂など

シワは複合的な原因から起こります。表皮層では乾燥やむくみから折りジワができ、真皮層では、ハリをつかさどるコラーゲンやエラスチンが壊れることで、深いシワに。さらに、表情ジワなどの慢性的な折りジワも重なったり。皮膚深部までケアできるコスメやマッサージが大切です。

### Q.3　シワの種類って？

### A. 箇所も深さもさまざまな種類があります

表情によってできるシワから、むくみや歪み、たるみなどからできるシワなどさまざま。部位によって筋肉の走行やエラスチンの断裂が違うため、シワの深さが違ってきます。

### Q.4　ケアすれば戻るシワと戻らないシワ、大きな違いは？

### A. できる原因が表皮か真皮か、シワの深さによります

まず、表皮に現れるシワは乾燥やむくみに起因し、これは保湿ケアや代謝を促すことで改善できます。たるみや真皮のコラーゲン線維の断裂が原因の場合、一筋縄にはいきませんが、継続ケアで変わります。

## Q.5 「指プレス」をする際に気をつけることって？

### A. 指に力を入れすぎないこと

肌の表面をこすりすぎると、摩擦が生じて傷めることに。決して皮膚を強く押したりせず、マッサージクリームや美容オイルなどを先に塗って、指のすべりをなめらかにさせることも重要です。

## Q.6 シワができやすい人とできにくい人の違いは？

### A. たるみやすい、むくみやすい人です

乾燥肌の人や、たるみ・むくみやすい人は要注意。また、スマホ首など下を向いてずっと同じ姿勢でいる人もシワを加速させています。潤いのある肌の人、筋肉がある人のほうがシワはできにくいです。

## Q.7 肩こりも顔のシワと関係しますか？

### A. YES！ 肩こりがあるとむくみやすく、箇所によってシワになりやすいんです

コリとむくみはシワの大きな原因に。肩こりをそのまま放置せず、常に血行を促しておくことが重要です。つい同じ姿勢で仕事をし続けてしまう人は、1時間ごとに立ち上がったり伸びをしたりすることを心がけて。

まだまだ知りたい
## シワケア Q&A

**Q.8** コラーゲンドリンクを飲めば
シワっぽくない肌になれますか?

### A. 内側からのケアとしてアリです！

スキンケアで外側からコラーゲン生成を促進させるだけでなく、飲むこと
でコラーゲンを増やすことも有効です。重要なのは、継続ケア。自分の
好きな味や香りのものと出合って、続けてください。

**Q.9** 痩せるとシワが目立ちやすくなるの?

### A. 急激に痩せるとシワになりやすいです

過度なダイエットは、皮膚にたるみを生じさせ、下垂しやすくなってしま
います。1ヶ月に3kg減までが理想的。それなら自然に皮膚も引き締ま
るので、シワにならずにキレイに痩せられます。

**Q.10** シワが加速してしまう生活習慣って
ありますか?

### A. 睡眠不足は大敵です

睡眠不足は自律神経が乱れる原因になり、むくみとコリに繋がります。
また、知らず知らず頬杖をつく、眉間にシワを寄せて話す、などでシワ
を刻んでいる場合も多いので、自分のクセを思い返してみましょう。

**Q.11** 脂性肌の人のほうが乾燥肌より
シワになりにくい?

*A.* 乾燥肌の方は表皮が乾きやすく
シワができやすいです

脂性肌の場合、筋肉が硬い傾向があります。そのぶん、皮膚のハリを感じ
させます。その一方、乾燥肌は肌表面の水分が蒸発しやすく、見た目の
シワが深くなりやすいもの。できるだけ保湿を心がけましょう。

**Q.12** シワの左右差ってなぜ起きるの?

*A.* 歪みやむくみによります

身体のコリや歪み、むくみなどによって、筋肉の走行方向や筋肉のジャ
ンクションの位置のズレが生じて、左右差が起こります。深いシワの側
に重心をかけていないか、噛むのも同じ側ばかりでないかチェックを。

**Q.13** シワコスメを購入するときに
チェックすべき成分名は?

*A.* セラミドを補充するものや
コラーゲンの生成を促すものを

ヒアルロン酸や、セラミド、コラーゲン、酵母などシワに有益とされる
成分はたくさんあるので、肌にハリを与えるものを選択しましょう。また
昨今、"シワ改善"と謳える有効成分(ナイアシンアミド、純粋レチノール、
ニールワンなど)配合のコスメが登場しているのでチェックしてみて。

## Q.14 目元や口元などパーツごとにシワケアコスメを変えるべき？

### A. 表皮の厚みが違うので、専用ならなお良しです

目周りや唇の皮膚はとても薄く、皮脂が少ないので、その特性に合わせた処方の専用コスメを使用するのが最も効果を感じられます。肌のハリを高めるという目的であれば、全顔用も有効ですが、ピンポイントケアを狙うなら、専用コスメを。

## Q.15 シワケアコスメって塗り方あるの？

### A. 薬指の腹を使って塗布し、タッピングを

薬指はいちばん力が入らない指。この指のハラを使って、優しくタッピングしながら有効成分を浸透させましょう。また、クリームなどは、先に手のひらで温めてゆるめてから塗るほうがなじみが良くなり肌に負担をかけません。

## マッサージ後、シワケアコスメで

今、注目の女優化粧液

### 発酵成分で代謝を高め、
### 光り輝く肌を実感

米ぬかエキスを45,000時間以上も発酵熟成した"美活菌発酵液[※1]"が、肌の常在菌バランスを正常化。さらに、とろみのあるユズ種子エキスが肌のすみずみにまで[※2]潤いを届けて、即、内側から押し上げるようなハリ肌に。「キメが整い、輝く肌を実感。肌が光に美しく反射してシワも瞬時に目立たなくなります」（由佳さん）。

ソフィスタンス 120㎖（SDI）

[※1] ソフィスタンス独自のコメヌカ発酵液　[※2] 角層まで

# お手入れしたら、鬼に金棒！

## まだまだあります！ シワケアコスメ

"シワ改善コスメ"の先駆者として人気

2017年1月登場。有効成分"ニールワン"配合のシワ改善コスメ第1号。目元や口元のシワを集中ケア。

リンクルショット メディカル セラム
[医薬部外品] 20g
（ポーラ）

有効成分"リンクルナイアシン"を、イオン化カプセルが肌の奥深くへ浸透。

ルシェリ リンクルリペア ローション
[医薬部外品] 160ml
同 エマルジョン
[医薬部外品] 120ml
（コーセー）

天然鉱石を泥状にして、マイナス電位を持たせたフェイストリートメント。キメが整い、シワも目立たず。

エレクトーレ ミネラルオーレ
フェイストリートメント
100g
（エルビュー）

有効成分"Wナイアシン"配合。シワ改善＆美白ケアを同時に果たしながら¥5,000以下！の"続けられる美容液"。

リンクルホワイトエッセンス
[医薬部外品] 30g
（オルビス）

奥出雲で栽培されている赤バラや、15種のブレンドハーブエキス配合のジェル状美容液。ハリツヤ肌に。

ローズドビオ
ブラッディ ローズ ジェリー
40ml
（オーガニックビューティー）

「マンダリンオレンジ果皮抽出液」を100％生詰めした原液美容液。ハリを高めてキメを整え、なめらかな肌に。

オラージュマンダリン
33ml
（エビス）

● このページでご紹介している商品の問い合わせ先は、112ページにあります。

## おわりに

サロンワークを始めて、早いもので四半世紀が経ちました。
今まで多くの女性の身体に触れると同時に、たくさんの肌の悩みをお聞きしてきました。
中でも特に多かったのが「シワ」の悩み。現代の女性は、仕事に家事にそして自分探しに多忙な日々。頑張りすぎて、肌や身体の不調に気がつかない方も多いのです。

仏教の言葉で「身心一如（しんじんいちにょ）」というのがありますが、
「身体と精神（心）は分けることはできずひとつである」という意味です。心も身体もそして魂もすべて繋がっていて、シワもそうした心身の状態と繋がって肌に現れてきます。シワは頑張った自分の証でもあるのですから、嫌わずに触ってケアして、思い切りの笑顔を手に入れて欲しいのです。

とはいえ、人生は理不尽なことや大変で受けとめられない事も起きます。
心が落ち込んだり悩んだりしている時は、まず何より自分の心を大切にしましょう。
あなたの肌や身体はいつまででも心に余裕が出てくるのを、待ち遠しく、そして根気よく待ってくれていますよ。
心の余裕が少しばかり出てきたその時に、その手で愛おしく肌をぜひ触ってあげて下さい。肌は応えてくれます。自分の肌・心・身体を大切にする気持ちが、次第に笑顔と幸せに繋がりますように願いながらこの本を作りました。

また、本著は美容エキスパートのご協力でできています。
皆さまのキレイのお役に立ちたい――その強固な志で制作の機会を与えて下さった編集の鈴木佐和さん、美容ライターの小内衣子さん。何度も打ち合わせを重ね"ONE TEAM"となって作成してくださったおふたりに心から感謝いたします。
また、理想を形にしてくださったデザイナーの安岡志真さん、さらに、女優

の向里佑香さん、カメラマンの当瀬真衣さん、ヘアメイクの佐伯エミーさん、素敵な撮影ができましたことを併せてお礼申し上げます。

そして、
本著を手元に置いて下さったあなたに、心からの感謝を込めて。

田中由佳 主宰
『サロン・ド・スウィン』

東京世田谷、三宿交差点に程近い、閑静な住宅街に佇む隠れ家的サロン。
ゴッドハンドによって心身共に疲れがほぐれると、
女優、タレント、モデルのほか、美容関係者が足繁く通う。

東京都世田谷区池尻 3-24-18 SWEETPEA MISHUKU 202
☎ 03-3411-1405　info@shwin.co.jp
不定休　※フェイシャル、ボディ、各種メニューあり。

## 協力店クレジット

- SDI ─────── ☎ 0120-175-878
- エビス ─────── ☎ 0120-44-0903
- エルビュー ─────── ☎ 0120-8098-48
- オーガニックビューティー ─── ☎ 03-6861-7590
- オルビス ─────── ☎ 0120-010-010
- コーセー ─────── ☎ 0120-526-311
- ポーラお客さま相談室 ─── ☎ 0120-117111
- ロフテー ─────── ☎ 0120-824-855

## STAFF

- ブックデザイン／安岡志真
- 撮影／当瀬真衣（TRIVAL）
- ヘア＆メイク／佐伯エミー
- モデル／向里祐香
- 構成／小内衣子（PRIMADONNA）
- 編集／鈴木佐和（SDP）
- 営業／川崎篤　武知秀典（SDP）
- 宣伝／飯田敏子（SDP）

隠れ家サロンのゴッドハンドが教える
「指プレス」でシワのばし

| | |
|---|---|
| 発　　行 | 2019年12月15日　初版 第1刷発行 |
| 著　　者 | 田中由佳 |
| 発行者 | 細野義朗 |
| 発行所 | 株式会社SDP |
| | 〒150-0021 東京都渋谷区恵比寿西2-3-3 |
| | TEL 03-5459-7171（第2編集部） |
| | TEL 03-5459-8610（営業部） |
| | ホームページ http://www.stardustpictures.co.jp |
| 印刷製本 | 図書印刷株式会社 |

本書の無断転載を禁じます。
落丁、乱丁本はお取り替えいたします。
定価はカバーに明記してあります。

ISBN 978-4-906953-76-9
©2019 SDP　Printed in Japan